¡EN ESPAÑOL!

¡FELIZ CUMPLEAÑOS! MAD LIBS

Yanitzia Canetti

MAD LIBS
Un sello editorial de Penguin Random House LLC, Nueva York

Publicado por primera vez en Estados Unidos de América por Mad Libs, un sello editorial de Penguin Random House LLC, Nueva York, 2022

Concepto creado por Roger Price & Leonard Stern

Ilustración de cubierta por Scott Brooks

Visítanos en línea: penguinrandomhouse.com

Impreso en los Estados Unidos de América

ISBN 9780593519141
1 3 5 7 9 10 8 6 4 2
COMR

MAD LIBS® ¡EN ESPAÑOL!

INSTRUCCIONES

¡MAD LIBS® EN ESPAÑOL es un juego para personas a las que no les gustan los juegos! Lo pueden jugar uno, dos, tres, cuatro o cuarenta personas.

• INSTRUCCIONES RIDÍCULAMENTE SIMPLES

En esta libreta encontrarás historias que contienen espacios en blanco donde se omiten palabras. Un jugador, el LECTOR, selecciona una de estas historias. El LECTOR no le cuenta a nadie de qué trata la historia. En cambio, les pide a los otros jugadores, los ESCRITORES, que le propongan palabras. Estas palabras se utilizan para completar los espacios en blanco de la historia.

• PARA JUGAR

En cada turno, el LECTOR le pide a cada ESCRITOR que diga una palabra —un adjetivo o un sustantivo o lo que sea que requiera el espacio— y este usa dichas palabras para completar los espacios en blanco de la historia. El resultado es el juego MAD LIBS® EN ESPAÑOL.

Luego, cuando el LECTOR les lea a los otros jugadores cómo quedó el juego completado de MAD LIBS® EN ESPAÑOL, estos descubrirán que han escrito una historia fantástica, increíblemente divertida, impactante, tonta, alocada o simplemente absurda, según las palabras que haya dicho cada ESCRITOR.

• EJEMPLO (Antes y después)

"____________ (¡EXCLAMACIÓN!)", digo mientras me monto ____________ (ADVERBIO) en mi ____________ (SUSTANTIVO) veloz y veo a mi ____________ (ANIMAL) ladrando tras de mí.

"¡CARAMBA! (¡EXCLAMACIÓN!)", digo mientras me monto ALEGREMENTE (ADVERBIO) en mi TOMATE (SUSTANTIVO) veloz y veo a mi ELEFANTE (ANIMAL) ladrando tras de mí.

MAD LIBS ¡EN ESPAÑOL! REPASO EN UN DOS POR TRES

En caso de que hayas olvidado qué son los adjetivos, adverbios, sustantivos y verbos, aquí tienes un repaso rápido:

Un ADJETIVO describe algo o a alguien. *Inteligente, suave, feo, desordenado* y *corto* son adjetivos. Cuando se especifica FEMENINO, este concuerda con un sustantivo femenino: *fea, sabrosa, callada*. Cuando se especifica PLURAL, el adjetivo se refiere a algo que describe más de una cosa, como *raros, locos, tristes*. Si aparecen FEMENINO y PLURAL, se refiere a adjetivos que concuerdan con más de una cosa en femenino, como *feas, sabrosas, calladas*. Cuando no se especifica FEMENINO o PLURAL, se refiere por lo general a un adjetivo masculino o singular.

Un ADVERBIO dice cómo se hace algo. Modifica al verbo y generalmente termina en "mente". *Honestamente, naturalmente* y *cuidadosamente* son adverbios.

Un SUSTANTIVO es el nombre de una persona, lugar o cosa. *Espejo, teléfono, playa, gorra* y *nariz* son sustantivos. Cuando se especifica FEMENINO, el sustantivo se refiere a una cosa que concuerda con "la" o "una", como la/una *puerta*, la/una *lámpara* o la/una *flor*. Cuando se especifica PLURAL, el sustantivo se refiere a más de una cosa que concuerda con "los/las" o "unos/unas", como *animales, computadoras, columpios*. Si aparecen FEMENINO y PLURAL, se refiere a sustantivos que concuerdan con "las/unas", como *playas, trompetas, crayolas*. Cuando no se especifica FEMENINO o PLURAL, se refiere por lo general a un sustantivo masculino o singular.

Un VERBO es una palabra de acción. *Correr, lanzar, saltar* y *nadar* son verbos. Cuando se especifica VERBO (-ANDO/-IENDO), conjuga los verbos con la terminación *-ando* o *-iendo*. *Corriendo, lanzando, caminando* y *durmiendo* son verbos con la terminación *-ando* o *-iendo*.

Cuando preguntamos por un LUGAR, nos referimos a cualquier tipo de lugar: un país o una ciudad (*España, Miami*) o una habitación (*baño, cocina*).

Cuando preguntamos por una OCUPACIÓN, nos referimos al oficio o a la profesión de una persona (*policía, astronauta, albañil*).

Una EXCLAMACIÓN o PALABRA TONTA es cualquier tipo de sonido divertido, jadeo, gruñido o grito, como *¡Wow!, ¡Ay!, ¡Híjole!, ¡Caramba!* y *¡Recórcholis!*, y también puede ser una palabra inventada o absurda.

Cuando pedimos palabras específicas, como NÚMERO, COLOR, ANIMAL o PARTE DEL CUERPO, nos referimos a una palabra que corresponde a una de esas categorías, como *siete, azul, caballo* o *cabeza*.

MAD LIBS® EN ESPAÑOL es divertido para jugar con tus amistades, ¡pero también puedes jugarlo tú solo/a! Para empezar, NO mires la historia de la página siguiente. Completa los espacios en blanco de esta página con las palabras solicitadas. Luego, usa esas palabras para completar los espacios en blanco de la historia.

¡Ya has creado tu propio y divertido juego MAD LIBS® EN ESPAÑOL!

TE INVITO A MI FIESTA

PERSONA PRESENTE ____________________

ADJETIVO (FEMENINO) ____________________

NÚMERO ____________________

SUSTANTIVO ____________________

TIPO DE ALIMENTO ____________________

SUSTANTIVO ____________________

VERBO ____________________

SUSTANTIVO ____________________

VERBO ____________________

TIPO DE LÍQUIDO ____________________

ADJETIVO ____________________

NÚMERO ____________________

ADJETIVO (PLURAL) ____________________

SUSTANTIVO ____________________

MEDIO DE TRANSPORTE ____________________

SUSTANTIVO ____________________

PARTE DEL CUERPO (PLURAL) ____________________

PERSONA PRESENTE ____________________

MAD LIBS ¡EN ESPAÑOL!

TE INVITO A MI FIESTA

Querido/a ______________:
PERSONA PRESENTE

¡Te invito a mi ______________ fiesta! ¡No todos los días se cumple/n ______________ año/s! Para celebrarlo, estará tocando el/la ______________ musical más estelar del momento: "El/La ______________ picante". Prepárate para jugar, disfrutar de la magia del/de la gran ______________ y a ______________ con el payaso. Al llegar, verás un/a enorme ______________ inflado/a en la entrada. No tienes que ______________ el timbre. Entra directo al patio y bebe ______________ para que te refresques. Enseguida podrás comer algo ______________ y caliente. ¡Cada invitado puede comer hasta ______________ hamburguesa/s y tres perros ______________! No te preocupes por traer un/a ______________, yo estaré feliz con tu presencia. Puedes estacionar tu ______________ en la calle. Llega antes de que se oculte el/la ______________ y se haga de noche. Te esperaré con los/las ______________ abiertos/as.

(ADJETIVO (FEMENINO); NÚMERO; SUSTANTIVO; TIPO DE ALIMENTO; SUSTANTIVO; VERBO; SUSTANTIVO; VERBO; TIPO DE LÍQUIDO; ADJETIVO; NÚMERO; ADJETIVO (PLURAL); SUSTANTIVO; MEDIO DE TRANSPORTE; SUSTANTIVO; PARTE DEL CUERPO (PLURAL))

Tu amigo/a ______________
PERSONA PRESENTE

MAD LIBS® EN ESPAÑOL es divertido para jugar con tus amistades, ¡pero también puedes jugarlo tú solo/a! Para empezar, NO mires la historia de la página siguiente. Completa los espacios en blanco de esta página con las palabras solicitadas. Luego, usa esas palabras para completar los espacios en blanco de la historia.

¡Ya has creado tu propio y divertido juego MAD LIBS® EN ESPAÑOL!

¡NO ME LO PIERDO!

PERSONA PRESENTE ____________________

SUSTANTIVO ____________________

PERSONA PRESENTE ____________________

VERBO ____________________

PARTE DEL CUERPO ____________________

VERBO ____________________

OCUPACIÓN ____________________

ANIMAL ____________________

VERBO ____________________

ADJETIVO ____________________

VERBO ____________________

TIPO DE ALIMENTO ____________________

MEDIO DE TRANSPORTE ____________________

NÚMERO ____________________

SUSTANTIVO ____________________

MAD LIBS® ¡EN ESPAÑOL!

¡NO ME LO PIERDO!

Este mensaje de texto de ____________ (PERSONA PRESENTE) es para confirmar que no se perderá el/la ____________ (SUSTANTIVO) de cumpleaños de ____________ (PERSONA PRESENTE) por nada del mundo. Su mensaje dice así: ¡Claro que iré! ¡Puedes ____________ (VERBO) conmigo para celebrar tu cumpleaños! Demoré en responderte porque la semana pasada me dolió un poco el/la/los/las ____________ (PARTE DEL CUERPO) al tragar y no paraba de ____________ (VERBO) por las noches. Pero mi ____________ (OCUPACIÓN) me examinó y me dijo que era solo un resfriado. Ya me siento fuerte como un/una ____________ (ANIMAL). ¡Tengo muchas ganas de ir a tu fiesta y de ____________ (VERBO) con todos en la piscina! Sé que será un evento ____________ (ADJETIVO). Yo con tal de ____________ (VERBO) la piñata y de comer el/la ____________ (TIPO DE ALIMENTO) que hace tu abuela, soy capaz hasta de ir en ____________ (MEDIO DE TRANSPORTE) espacial. ¡Ahí estaré a la/s ____________ (NÚMERO) en punto! Por cierto, te tengo una sorpresa de regalo, ¡es el/la ____________ (SUSTANTIVO) que tanto querías!

MAD LIBS® EN ESPAÑOL es divertido para jugar con tus amistades, ¡pero también puedes jugarlo tú solo/a! Para empezar, NO mires la historia de la página siguiente. Completa los espacios en blanco de esta página con las palabras solicitadas. Luego, usa esas palabras para completar los espacios en blanco de la historia.

¡Ya has creado tu propio y divertido juego MAD LIBS® EN ESPAÑOL!

EL REGALO PERFECTO

EXCLAMACIÓN ____________

ADJETIVO ____________

PERSONA PRESENTE ____________

ADJETIVO ____________

SUSTANTIVO ____________

ARTÍCULO DE VESTIR ____________

ADJETIVO ____________

SUSTANTIVO ____________

ADJETIVO ____________

ANIMAL (PLURAL) ____________

ADJETIVO ____________

ALGO VIVO (PLURAL) ____________

EXCLAMACIÓN ____________

SUSTANTIVO ____________

PARTE DEL CUERPO (FEMENINO) ____________

SUSTANTIVO (PLURAL) ____________

NOMBRE ____________

PALABRA TONTA ____________

MAD LIBS ¡EN ESPAÑOL!

EL REGALO PERFECTO

¡__________ (¡EXCLAMACIÓN!), qué difícil es encontrar un regalo __________ (ADJETIVO) para el cumpleaños de __________ (PERSONA PRESENTE)! Podría regalarle un instrumento __________ (ADJETIVO) porque le gusta mucho la música. Pero... ¿cuál será su __________ (SUSTANTIVO) musical favorito/a? Tal vez sea mejor regalarle un/a __________ (ARTÍCULO DE VESTIR) de mangas largas o el juguete más __________ (ADJETIVO) del año. ¿Y si le regalo un/a __________ (SUSTANTIVO) de aluminio para que juegue béisbol? ¡Pero es difícil de envolver! Creo que le regalaré un pez __________ (ADJETIVO) para su pecera porque le encantan los/las __________ (ANIMAL (PLURAL)) de colores. ¿O le gustará algo más __________ (ADJETIVO) y hermoso, como un ramo de __________ (ALGO VIVO (PLURAL))? Lo malo es que se marchitan. ¡__________ (¡EXCLAMACIÓN!), lo tengo! ¡Le regalaré un/a super-__________ (SUSTANTIVO) eléctrico/a! Mmm, pero eso es caro, ¡cuesta un ojo de la __________ (PARTE DEL CUERPO (FEMENINO))! ¡Ya sé! ¿Cómo no se me ocurrió antes? Yo sé que le encanta leer __________ (SUSTANTIVO (PLURAL)) de magia... ¡le regalaré la colección completa de __________ (NOMBRE) Potter! Seguro que cuando la reciba, dirá: "¡__________ (PALABRA TONTA), es el regalo perfecto para mí!"

MAD LIBS® EN ESPAÑOL es divertido para jugar con tus amistades, ¡pero también puedes jugarlo tú solo/a! Para empezar, NO mires la historia de la página siguiente. Completa los espacios en blanco de esta página con las palabras solicitadas. Luego, usa esas palabras para completar los espacios en blanco de la historia.

¡Ya has creado tu propio y divertido juego MAD LIBS® EN ESPAÑOL!

UN LUGAR PARA CELEBRAR

ADJETIVO ____________________

SUSTANTIVO (PLURAL) ____________________

LUGAR ____________________

SUSTANTIVO ____________________

NÚMERO ____________________

ALGO VIVO ____________________

LUGAR ____________________

ADJETIVO (PLURAL) ____________________

VERBO ____________________

PARTE DEL CUERPO ____________________

ADJETIVO (PLURAL) ____________________

SUSTANTIVO (PLURAL) ____________________

TIPO DE ALIMENTO ____________________

ALGO VIVO (PLURAL) ____________________

VERBO ____________________

SUSTANTIVO (PLURAL) ____________________

VERBO ____________________

MAD LIBS® ¡EN ESPAÑOL!

UN LUGAR PARA CELEBRAR

Aquí tienes algunas ideas para elegir un lugar ____________ (ADJETIVO):

1. Busca los/las ____________ (SUSTANTIVO (PLURAL)) más espectaculares de tu ____________ (LUGAR) donde se celebren cumpleaños. Puedes buscar en Internet o en cualquier ____________ (SUSTANTIVO) impreso/a.
2. Selecciona dos o ____________ (NÚMERO) lugar(es), y visítalos con tu ____________ (ALGO VIVO) o cualquier otro familiar.
3. Si es posible, elige un/a ____________ (LUGAR) que tenga castillos ____________ (ADJETIVO (PLURAL)), una pista para ____________ (VERBO), pintura para el/la/los/las ____________ (PARTE DEL CUERPO), juegos ____________ (ADJETIVO (PLURAL)) y todo tipo de ____________ (SUSTANTIVO (PLURAL)).
4. Verifica los servicios que incluye. ¿Permiten que lleves tu enorme ____________ (TIPO DE ALIMENTO) de chocolate? ¿Tienen ____________ (ALGO VIVO (PLURAL)) que se encargan de preparar, ____________ (VERBO) y servir la comida?
5. Asegúrate de que tengan suficientes ____________ (SUSTANTIVO (PLURAL)) para que tus invitados puedan ____________ (VERBO).

MAD LIBS® EN ESPAÑOL es divertido para jugar con tus amistades, ¡pero también puedes jugarlo tú solo/a! Para empezar, NO mires la historia de la página siguiente. Completa los espacios en blanco de esta página con las palabras solicitadas. Luego, usa esas palabras para completar los espacios en blanco de la historia.

¡Ya has creado tu propio y divertido juego MAD LIBS® EN ESPAÑOL!

DIVERSIÓN A MONTÓN

SUSTANTIVO (PLURAL) ____________________

VERBO ____________________

NÚMERO ____________________

SUSTANTIVO (PLURAL) ____________________

LUGAR ____________________

VERBO ____________________

NÚMERO ____________________

SUSTANTIVO (FEMENINO) ____________________

ADJETIVO (PLURAL) ____________________

VERBO ____________________

PARTE DEL CUERPO ____________________

ANIMAL ____________________

SUSTANTIVO (PLURAL) ____________________

ADJETIVO (FEMENINO) ____________________

SUSTANTIVO (PLURAL) ____________________

MAD LIBS ¡EN ESPAÑOL!

DIVERSIÓN A MONTÓN

La compañía "Diversión a montón" te ofrece una gran variedad de

____________________ y atracciones:
SUSTANTIVO (PLURAL)

1. ¡Mariachis que pueden ______________ *Las mañanitas* en
VERBO
____________ idioma/s!
NÚMERO

2. ____________________ inflables de todos los colores para que
SUSTANTIVO (PLURAL)
decoren el/la ______________ de tu casa.
LUGAR

3. Acróbatas que pueden ______________ hasta el techo y dar
VERBO
____________ vuelta/s en el aire.
NÚMERO

4. Equilibristas que pueden caminar por la ____________________
SUSTANTIVO (FEMENINO)
floja mientras bailan *La macarena.*

5. Payasos ______________ que pueden hacerte ______________.
ADJETIVO (PLURAL) VERBO

6. Una contorsionista que puede estirar su/s ____________________
PARTE DEL CUERPO
como un/a ______________ del desierto.
ANIMAL

7. ¡____________________ que bailarán para ti toda la noche!
SUSTANTIVO (PLURAL)

8. Al igual que Aladino, solamente tienes que frotar la lámpara
____________________ y nosotros nos encargamos de cumplir tus
ADJETIVO (FEMENINO)
____________________.
SUSTANTIVO (PLURAL)

MAD LIBS® EN ESPAÑOL es divertido para jugar con tus amistades, ¡pero también puedes jugarlo tú solo/a! Para empezar, NO mires la historia de la página siguiente. Completa los espacios en blanco de esta página con las palabras solicitadas. Luego, usa esas palabras para completar los espacios en blanco de la historia.

¡Ya has creado tu propio y divertido juego MAD LIBS® EN ESPAÑOL!

MENÚ DE LA FIESTA

PERSONA PRESENTE ______________________

ADJETIVO ______________________

TIPO DE ALIMENTO ______________________

COLOR ______________________

ADJETIVO (FEMENINO) ______________________

SUSTANTIVO ______________________

TIPO DE ALIMENTO ______________________

PERSONA PRESENTE ______________________

TIPO DE ALIMENTO ______________________

NOMBRE DE UNA CELEBRIDAD ______________________

TIPO DE LÍQUIDO ______________________

ALGO VIVO ______________________

ADJETIVO (PLURAL) ______________________

TIPO DE ALIMENTO ______________________

ADJETIVO (FEMENINO) ______________________

PARTE DEL CUERPO (PLURAL) ______________________

EXCLAMACIÓN ______________________

PALABRA TONTA ______________________

MAD LIBS ¡EN ESPAÑOL!

MENÚ DE LA FIESTA

Para la fiesta de ____________________ te ofrecemos un menú muy
PERSONA PRESENTE

________________ y variado:
ADJETIVO

1. Empanadas de ____________________ con bastante ajo y cebolla
TIPO DE ALIMENTO

2. Puré de plátano ____________ con salsa ____________________
COLOR ADJETIVO (FEMENINO)

3. Pastel de ________________ y vainilla
SUSTANTIVO

4. Quesadillas de queso y ____________________ asado/a
TIPO DE ALIMENTO

5. Croquetas hechas por ____________________________, tacos de
PERSONA PRESENTE

____________________ con salsa picante, ¡y burritos hechos por
TIPO DE ALIMENTO

_______________________!
NOMBRE DE UNA CELEBRIDAD

6. Refresco de ______________ con limón y ______________________
ALGO VIVO TIPO DE LÍQUIDO

bien caliente

7. Jugos ________________________ de varios sabores, batidos de
ADJETIVO (PLURAL)

____________________ sin semilla y agua ____________________
TIPO DE ALIMENTO ADJETIVO (FEMENINO)

con hielo

Te chuparás los/las _________________________ del gusto y gritarás:
PARTE DEL CUERPO (PLURAL)

¡________________, qué ___________________!
¡EXCLAMACIÓN! PALABRA TONTA

MAD LIBS® EN ESPAÑOL es divertido para jugar con tus amistades, ¡pero también puedes jugarlo tú solo/a! Para empezar, NO mires la historia de la página siguiente. Completa los espacios en blanco de esta página con las palabras solicitadas. Luego, usa esas palabras para completar los espacios en blanco de la historia.

¡Ya has creado tu propio y divertido juego MAD LIBS® EN ESPAÑOL!

DONDE CABEN DOS, CABEN MÁS

ADJETIVO (FEMENINO) ____________________

SUSTANTIVO ____________________

PERSONA PRESENTE ____________________

SUSTANTIVO ____________________

PERSONA PRESENTE ____________________

SUSTANTIVO ____________________

ANIMAL ____________________

SUSTANTIVO ____________________

NÚMERO ____________________

SUSTANTIVO (PLURAL) ____________________

TIPO DE ALIMENTO ____________________

VERBO ____________________

SUSTANTIVO ____________________

NÚMERO ____________________

SUSTANTIVO ____________________

NOMBRE DE CELEBRIDAD ____________________

MAD LIBS ¡EN ESPAÑOL! DONDE CABEN DOS, CABEN MÁS

Yo pensé que mi fiesta sería ________________ porque pronosticaron
ADJETIVO (FEMENINO)

________________ y tormenta. ¡Pero me equivoqué! Primero llegó
SUSTANTIVO

________________ gritando: "¡Con lluvia o con ________________,
PERSONA PRESENTE / SUSTANTIVO

no me perdería tu fiesta por nada del mundo!". Luego llegó

________________ con su gran ________________. Y detrás
PERSONA PRESENTE / SUSTANTIVO

llegaron los gemelos Lola Mento y Alan Brito con su mascota: ¡un/a

________________ verde! Yo miré hacia afuera por el/la ________________
ANIMAL / SUSTANTIVO

y vi que aún llovía mucho. Pero eso no impidió que llegaran

________________ amigo(s), vecinos y ________________ más.
NÚMERO / SUSTANTIVO (PLURAL)

Entonces mi papá puso la música, mi mamá sacó ________________ y
TIPO DE ALIMENTO

empezamos a jugar y a ________________. Cuando pensé que ya
VERBO

éramos muchos, sonó el/la ________________ de la puerta nuevamente.
SUSTANTIVO

"¡Donde caben dos, cabe(n) ________________!", dijo un amigo de la amiga
NÚMERO

de mi vecina. Y era cierto. Por suerte había suficiente ________________
SUSTANTIVO

porque en mi familia celebramos a lo grande. Y cuando ya pensaba que

no cabría ni uno más, llegó ________________ cantando
NOMBRE DE UNA CELEBRIDAD

Cumpleaños feliz.

MAD LIBS® EN ESPAÑOL es divertido para jugar con tus amistades, ¡pero también puedes jugarlo tú solo/a! Para empezar, NO mires la historia de la página siguiente. Completa los espacios en blanco de esta página con las palabras solicitadas. Luego, usa esas palabras para completar los espacios en blanco de la historia.

¡Ya has creado tu propio y divertido juego MAD LIBS® EN ESPAÑOL!

LA RECETA SECRETA

ADJETIVO (FEMENINO) ________________

LUGAR ________________

PERSONA PRESENTE ________________

SUSTANTIVO (PLURAL) ________________

NÚMERO ________________

TIPO DE RECIPIENTE ________________

TIPO DE ALIMENTO ________________

TIPO DE LÍQUIDO ________________

ADVERBIO (-MENTE) ________________

ADJETIVO ________________

TIPO DE LÍQUIDO ________________

SUSTANTIVO ________________

NÚMERO ________________

VERBO ________________

SUSTANTIVO ________________

NOMBRE DE UNA CELEBRIDAD ________________

EXCLAMACIÓN ________________

ADJETIVO ________________

MAD LIBS ¡EN ESPAÑOL!

LA RECETA SECRETA

"¡Creo que por fin encontré la receta ultra-____________ (ADJETIVO (FEMENINO)) y super secreta para hacer un pastel de cumpleaños. Estaba escondida en un/a ____________ (LUGAR)", le dije a ____________ (PERSONA PRESENTE). Emocionados por el descubrimiento, reunimos los/las ____________ (SUSTANTIVO (PLURAL)) y seguimos cada paso. Primero batimos ____________ (NÚMERO) huevo(s) en un/a ____________ (TIPO DE RECIPIENTE). Luego echamos una lata de ____________ (TIPO DE ALIMENTO) dulce y media lata de ____________ (TIPO DE LÍQUIDO). Después mezclamos todo muy ____________ (ADVERBIO (-MENTE)) hasta que quedó bien ____________ (ADJETIVO). Por último, echamos unas gotas de ____________ (TIPO DE LÍQUIDO) para darle buen sabor y lo metimos al/a la ____________ (SUSTANTIVO) a 350°F. Después de ____________ (NÚMERO) hora/s, lo sacamos del horno y lo dejamos ____________ (VERBO) un poco sobre la mesa de la cocina. Pero aquello no parecía un pastel de cumpleaños, ¡sino un/a gran ____________ (SUSTANTIVO)! Justo en ese momento entró mi abuelo/a ____________ (NOMBRE DE UNA CELEBRIDAD) y exclamó: "¡ ____________ (¡EXCLAMACIÓN!), qué flan de cumpleaños tan ____________ (ADJETIVO)!".

MAD LIBS® EN ESPAÑOL es divertido para jugar con tus amistades, ¡pero también puedes jugarlo tú solo/a! Para empezar, NO mires la historia de la página siguiente. Completa los espacios en blanco de esta página con las palabras solicitadas. Luego, usa esas palabras para completar los espacios en blanco de la historia.

¡Ya has creado tu propio y divertido juego MAD LIBS® EN ESPAÑOL!

PARA GUSTOS, COLORES

OCUPACIÓN ______________________

ADJETIVO ______________________

PERSONA PRESENTE ______________________

ADJETIVO ______________________

VERBO ______________________

SUSTANTIVO ______________________

ADVERBIO (-MENTE) ______________________

SUSTANTIVO ______________________

ANIMAL (PLURAL) ______________________

PERSONA PRESENTE ______________________

PARTE DEL CUERPO ______________________

ARTÍCULO DE VESTIR ______________________

MEDIO DE TRANSPORTE ______________________

SUSTANTIVO ______________________

COLOR ______________________

ARTÍCULO DE VESTIR ______________________

MAD LIBS® ¡EN ESPAÑOL!

PARA GUSTOS, COLORES

Descubre tu estilo respondiendo este cuestionario elaborado por un/a ______________ (OCUPACIÓN) profesional.

1. ¿Qué estilo te gusta? a) clásico, b) ______________ (ADJETIVO), c) igual que el estilo de ______________ (PERSONA PRESENTE)
2. ¿Cómo te describes? a) espectacular, b) super ______________ (ADJETIVO), c) no me gusta ______________ (VERBO) en la cama
3. En una fiesta, siempre estás: a) sentado en un/a ______________ (SUSTANTIVO), b) posando ______________ (ADVERBIO (-MENTE)) para la cámara, c) asomado al/a la ______________ (SUSTANTIVO) para contar estrellas.
4. ¿Quién quieres que cante en tu fiesta? a) Los/Las ______________ (ANIMAL (PLURAL)) del Norte, b) una cotorra, c) ______________ (PERSONA PRESENTE) con el rap "Me duele el/la/los/las ______________ (PARTE DEL CUERPO) por tu amor"
5. Si pudieras traer una sola cosa a tu fiesta, ¿cuál sería? a) mi super ______________ (ARTÍCULO DE VESTIR), b) mi ______________ (MEDIO DE TRANSPORTE) veloz, c) mi ______________ (SUSTANTIVO) inteligente.

Si respondiste más "a", te encanta tu pijama ______________ (COLOR) celeste. Si respondiste más "b" y "c", ¡te encanta tu ______________ (ARTÍCULO DE VESTIR) verde limón!

MAD LIBS® EN ESPAÑOL es divertido para jugar con tus amistades, ¡pero también puedes jugarlo tú solo/a! Para empezar, NO mires la historia de la página siguiente. Completa los espacios en blanco de esta página con las palabras solicitadas. Luego, usa esas palabras para completar los espacios en blanco de la historia.

¡Ya has creado tu propio y divertido juego MAD LIBS® EN ESPAÑOL!

¿QUIÉN ES EL PAYASO?

ADVERBIO (-MENTE) ______________________

NÚMERO ______________________

VERBO (-ANDO/-IENDO) ______________________

ADJETIVO ______________________

PARTE DEL CUERPO ______________________

SUSTANTIVO ______________________

COLOR (FEMENINO) ______________________

SUSTANTIVO (PLURAL) ______________________

VERBO ______________________

ADJETIVO (FEMENINO) ______________________

ANIMAL ______________________

PARTE DEL CUERPO ______________________

SUSTANTIVO ______________________

VERBO ______________________

SUSTANTIVO (PLURAL) ______________________

COLOR (FEMENINO) ______________________

PALABRA TONTA ______________________

SUSTANTIVO (FEMENINO) ______________________

MAD LIBS® ¡EN ESPAÑOL!

¿QUIÉN ES EL PAYASO?

Todos esperábamos al payaso ____________ (ADVERBIO (-MENTE)). ¡Pero tardó ____________ (NÚMERO) hora/s en llegar! Cuando pensé que ya no vendría, alguien entró por la puerta ____________ (VERBO (-ANDO/-IENDO)) y tropezando con todo. ¡Era el payaso! Aunque estaba bien ____________ (ADJETIVO), su ____________ (PARTE DEL CUERPO) me parecía conocido/a. Tenía un/a ____________ (SUSTANTIVO) en la nariz, una peluca ____________ (COLOR (FEMENINO)) y unos enormes ____________ (SUSTANTIVO (PLURAL)) en los pies. ¡Qué manera de ____________ (VERBO) a carcajadas! Se subió a una silla ____________ (ADJETIVO (FEMENINO)), cargó a mi ____________ (ANIMAL) y lo sostuvo con una sola mano. Luego se paró de ____________ (PARTE DEL CUERPO) y lo aplaudimos. Por último, hizo actos de ____________ (SUSTANTIVO) espectaculares pero sin hablar. Todos empezamos a ____________ (VERBO) bien alto para que contara ____________ (SUSTANTIVO (PLURAL)) que dieran risa. Entonces su boca ____________ (COLOR (FEMENINO)) se abrió y dijo: ¡ ____________ (PALABRA TONTA)! Y yo me ataqué de la ____________ (SUSTANTIVO (FEMENINO)) al descubrir que era mi papá.

MAD LIBS® EN ESPAÑOL es divertido para jugar con tus amistades, ¡pero también puedes jugarlo tú solo/a! Para empezar, NO mires la historia de la página siguiente. Completa los espacios en blanco de esta página con las palabras solicitadas. Luego, usa esas palabras para completar los espacios en blanco de la historia.

¡Ya has creado tu propio y divertido juego MAD LIBS® EN ESPAÑOL!

¡A JUGAR!

VERBO ____________________

ANIMAL ____________________

PARTE DEL CUERPO (PLURAL) ____________________

SUSTANTIVO ____________________

NÚMERO ____________________

VERBO ____________________

SUSTANTIVO ____________________

SUSTANTIVO (PLURAL) ____________________

VERBO ____________________

SUSTANTIVO (FEMENINO) ____________________

ADVERBIO (-MENTE) ____________________

NÚMERO ____________________

ADJETIVO (PLURAL) ____________________

SUSTANTIVO (PLURAL) ____________________

VERBO ____________________

SUSTANTIVO ____________________

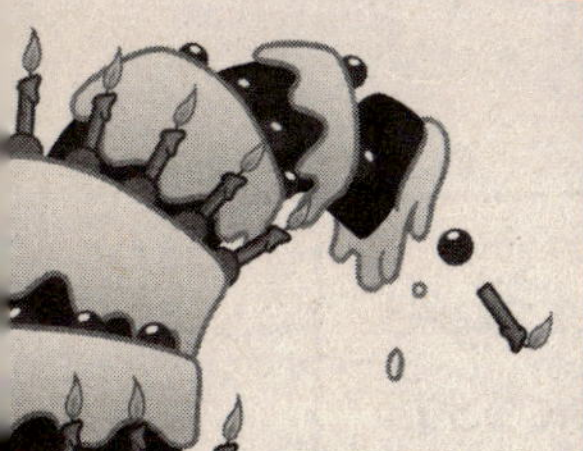

MAD LIBS ¡EN ESPAÑOL!

¡A JUGAR!

¿Te gusta ______________ (VERBO)? Aquí tienes una lista de juegos para tu fiesta:

1. Ponle el rabo al/a la ______________ (ANIMAL). Cierra bien los/las ______________ (PARTE DEL CUERPO (PLURAL)). Cúbrelos/las con un/a ______________ (SUSTANTIVO) de tela suave y gira ______________ (NÚMERO) vez/veces.
2. ¡Dale a la piñata! Toma turnos para ______________ (VERBO) la piñata con un/a ______________ (SUSTANTIVO) hasta que se rompa y caigan los/las ______________ (SUSTANTIVO (PLURAL)) de todos los sabores.
3. ¡Siéntate! Empieza a ______________ (VERBO) alrededor de las sillas al ritmo de la ______________ (SUSTANTIVO (FEMENINO)). Cuando la música se detenga, siéntate ______________ (ADVERBIO (-MENTE)) en una silla. (Se repite hasta que quede/n solo ______________ (NÚMERO) participante/s y solamente dos sillas.)
4. ¡Encuentra el tesoro! Deja pistas en escondites ______________ (ADJETIVO (PLURAL)) para que alguien encuentre el baúl lleno de ______________ (SUSTANTIVO (PLURAL)) de oro.

¿No te gusta ningún juego?, ¡puedes ______________ (VERBO) globos o ver un/a ______________ (SUSTANTIVO) en la televisión!

MAD LIBS® EN ESPAÑOL es divertido para jugar con tus amistades, ¡pero también puedes jugarlo tú solo/a! Para empezar, NO mires la historia de la página siguiente. Completa los espacios en blanco de esta página con las palabras solicitadas. Luego, usa esas palabras para completar los espacios en blanco de la historia.

¡Ya has creado tu propio y divertido juego MAD LIBS® EN ESPAÑOL!

CUESTIONARIO DE CUMPLEAÑOS

NÚMERO ______________________

COLOR ______________________

VERBO ______________________

MEDIO DE TRANSPORTE ______________________

NÚMERO ______________________

VERBO ______________________

SUSTANTIVO ______________________

TIPO DE ALIMENTO ______________________

TIPO DE LÍQUIDO ______________________

SUSTANTIVO ______________________

ANIMAL ______________________

LUGAR ______________________

VERBO ______________________

SUSTANTIVO ______________________

VERBO ______________________

PERSONA PRESENTE ______________________

PARTE DEL CUERPO (PLURAL) ______________________

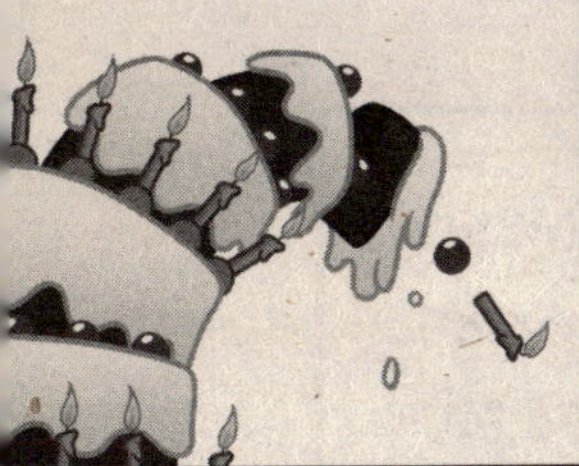

MAD LIBS® ¡EN ESPAÑOL!
CUESTIONARIO DE CUMPLEAÑOS

Compara tus preferencias de hoy con las de hace ______ (NÚMERO) año/s.

1. Tu color favorito es el ______ (COLOR) celeste porque te gusta ______ (VERBO) en el mar.
2. Tu juguete favorito es el/la ______ (MEDIO DE TRANSPORTE) de ______ (NÚMERO) rueda/s.
3. Lo que haces todos los días es ______ (VERBO) en la ducha.
4. Lo que nunca has hecho es dormir en el/la ______ (SUSTANTIVO).
5. Tu comida favorita es el/la ______ (TIPO DE ALIMENTO) con frijoles fritos y guacamole.
6. Tu bebida favorita es ______ (TIPO DE LÍQUIDO) con chocolate y ______ (SUSTANTIVO).
7. Tu libro favorito es *El/La* ______ (ANIMAL) *con botas.*
8. Tu lugar favorito es el/la ______ (LUGAR) porque te gusta ______ (VERBO), remar en ______ (SUSTANTIVO) y ______ (VERBO) en barco.
9. Tu persona favorita es ______ (PERSONA PRESENTE) porque le brillan los/las ______ (PARTE DEL CUERPO (PLURAL)) y canta muy bien.

MAD LIBS® EN ESPAÑOL es divertido para jugar con tus amistades, ¡pero también puedes jugarlo tú solo/a! Para empezar, NO mires la historia de la página siguiente. Completa los espacios en blanco de esta página con las palabras solicitadas. Luego, usa esas palabras para completar los espacios en blanco de la historia.

¡Ya has creado tu propio y divertido juego MAD LIBS® EN ESPAÑOL!

LA FIESTA DE NUNCA ACABAR

TIPO DE ALIMENTO ____________________

VERBO ____________________

SUSTANTIVO ____________________

ANIMAL ____________________

SUSTANTIVO (FEMENINO, PLURAL) ____________________

VERBO ____________________

ADJETIVO (PLURAL) ____________________

SUSTANTIVO (PLURAL) ____________________

VERBO ____________________

ADJETIVO (FEMENINO) ____________________

SUSTANTIVO ____________________

VERBO ____________________

SUSTANTIVO (PLURAL) ____________________

LUGAR ____________________

VERBO ____________________

NÚMERO ____________________

PERSONA PRESENTE ____________________

SUSTANTIVO ____________________

MAD LIBS ¡EN ESPAÑOL!
LA FIESTA DE NUNCA ACABAR

Cuando empezó mi fiesta, estaba desesperado/a por cortar mi ________ (TIPO DE ALIMENTO) de cumpleaños y ________ (VERBO) los regalos, pero mis amigos querían jugar. Primero jugamos a escondernos dentro de un/a ________ (SUSTANTIVO), ¡pero mi ________ (ANIMAL) nos encontró enseguida! Pregunté: "¿Puedo soplar las ________ (SUSTANTIVO (FEMENINO, PLURAL))?". "Pronto", dijeron mis amigos, "pero antes vamos a ________ (VERBO) a la estatua". Y jugamos a quedarnos ________ (ADJETIVO (PLURAL)) como una estatua. Entonces pregunté: "¿Puedo abrir los/las ________ (SUSTANTIVO (PLURAL))?". "Pronto", dijeron mis amigos, "pero antes podemos ________ (VERBO) una película ________ (ADJETIVO (FEMENINO))". Nos sentamos en el/la ________ (SUSTANTIVO) a verla. Cuando terminó la película, pregunté: "¿Podemos ________ (VERBO) la canción *Cumpleaños feliz*?". "Pronto", dijeron, "pero antes debemos inflar ________ (SUSTANTIVO (PLURAL)) de colores para adornar el/la ________ (LUGAR)". Al terminar, dije: "¡Vamos a ________ (VERBO) el pastel!". "Aún no", dijeron. Y entonces jugamos ________ (NÚMERO) hora(s) más. Ya era de noche cuando ________ (PERSONA PRESENTE) gritó: ¡Llegó la hora de cortar el pastel! "Pronto", dije yo, "antes quiero más ________ (SUSTANTIVO) y diversión".

MAD LIBS® EN ESPAÑOL es divertido para jugar con tus amistades, ¡pero también puedes jugarlo tú solo/a! Para empezar, NO mires la historia de la página siguiente. Completa los espacios en blanco de esta página con las palabras solicitadas. Luego, usa esas palabras para completar los espacios en blanco de la historia.

¡Ya has creado tu propio y divertido juego MAD LIBS® EN ESPAÑOL!

1, 2, 3... ¡SONRÍAN!

SUSTANTIVO (FEMENINO) ____________

PERSONA PRESENTE ____________

PARTE DEL CUERPO (PLURAL) ____________

PERSONA PRESENTE ____________

ADJETIVO (FEMENINO) ____________

VERBO ____________

EXCLAMACIÓN ____________

NOMBRE ____________

SUSTANTIVO (PLURAL) ____________

NÚMERO ____________

VERBO ____________

NÚMERO ____________

ADJETIVO ____________

VERBO ____________

SUSTANTIVO ____________

PALABRA TONTA ____________

PARTE DEL CUERPO (FEMENINO) ____________

MAD LIBS® ¡EN ESPAÑOL!

1, 2, 3... ¡SONRÍAN!

—1, 2, 3... ¡Sonrían para la ____________________ (SUSTANTIVO (FEMENINO))! — dijo la fotógrafa, y tomó una foto.

—Otra vez, por favor — dijo ____________________ (PERSONA PRESENTE) —. ¡Quedé con los/las ____________________ (PARTE DEL CUERPO (PLURAL)) cerrados/as!

—1, 2, 3... ¡Sonrían! — repitió la fotógrafa, y tomó otra foto.

—De nuevo, por favor — dijo ____________________ (PERSONA PRESENTE) —. Hice una mueca ____________________ (ADJETIVO (FEMENINO)).

—1, 2, 3... ¡Sonrían! — volvió a ____________________ (VERBO) la fotógrafa.

—¡____________________ (¡EXCLAMACIÓN!) no, quedó mal! — dijo mi abuela ____________________ (NOMBRE) —. Se me cayeron los/las ____________________ (SUSTANTIVO (PLURAL)).

—1, 2, ____________________ (NÚMERO)... ¡Sonrían! — dijo una vez más la fotógrafa que ya estaba a punto de ____________________ (VERBO). Así que tomó ____________________ (NÚMERO) foto(s), pero nadie estaba ____________________ (ADJETIVO) con el resultado.

—¡Ya sé! ¡Vamos a ____________________ (VERBO) una selfie! — dije yo, y saqué mi ____________________ (SUSTANTIVO) celular. ¡Chas!

—¡____________________ (PALABRA TONTA)! — dijo la fotógrafa—. Quedé con la ____________________ (PARTE DEL CUERPO (FEMENINO)) abierta.

MAD LIBS® EN ESPAÑOL es divertido para jugar con tus amistades, ¡pero también puedes jugarlo tú solo/a! Para empezar, NO mires la historia de la página siguiente. Completa los espacios en blanco de esta página con las palabras solicitadas. Luego, usa esas palabras para completar los espacios en blanco de la historia.

¡Ya has creado tu propio y divertido juego MAD LIBS® EN ESPAÑOL!

A MOVER EL ESQUELETO

ADJETIVO ____________________

PERSONA PRESENTE ____________________

MEDIO DE TRANSPORTE ____________________

NÚMERO ____________________

ARTÍCULO DE VESTIR ____________________

SUSTANTIVO (PLURAL) ____________________

VERBO ____________________

SUSTANTIVO ____________________

TIPO DE ALIMENTO ____________________

ADJETIVO ____________________

SUSTANTIVO ____________________

VERBO ____________________

SUSTANTIVO ____________________

NÚMERO ____________________

PARTE DEL CUERPO ____________________

PERSONA PRESENTE ____________________

NOMBRE DE UNA CELEBRIDAD ____________________

VERBO ____________________

MAD LIBS ¡EN ESPAÑOL!

A MOVER EL ESQUELETO

¡Qué fiestón tan ______________ (ADJETIVO) tuvimos ayer en mi casa! Primero llegó ______________ (PERSONA PRESENTE) en su flamante ______________ (MEDIO DE TRANSPORTE) de ______________ (NÚMERO) motor(es). Venía vestido/a con su/s ______________ (ARTÍCULO DE VESTIR) naranja/s y unos espectaculares ______________ (SUSTANTIVO (PLURAL)) de sol que a todos nos encantó por su estilo tan refinado. Después, empezaron a ______________ (VERBO) todas mis amistades y familiares. Comimos un montón de pizza de ______________ (SUSTANTIVO) con bastante queso derretido y deliciosos helados de ______________ (TIPO DE ALIMENTO) con chispas de chocolate. ¡Pero lo más ______________ (ADJETIVO) de la fiesta fue la música, por supuesto! Cuando yo grité, "¡A mover el esqueleto!", todos se levantaron enseguida de su ______________ (SUSTANTIVO) y empezaron a ______________ (VERBO) al ritmo de los tambores y las maracas. ¡Bailamos salsa, merengue, bachata y ______________ (SUSTANTIVO) durante ______________ (NÚMERO) hora(s)! ¡Ay, qué manera de mover el/la/los/las ______________ (PARTE DEL CUERPO)! Al final de la noche, lo más sensacional fue ver a ______________ (PERSONA PRESENTE) bailando una cumbia con ______________ (NOMBRE DE UNA CELEBRIDAD). ¡Qué bien lo hacía! Todos empezaron a ______________ (VERBO) locamente con las manos.

MAD LIBS® EN ESPAÑOL es divertido para jugar con tus amistades, ¡pero también puedes jugarlo tú solo/a! Para empezar, NO mires la historia de la página siguiente. Completa los espacios en blanco de esta página con las palabras solicitadas. Luego, usa esas palabras para completar los espacios en blanco de la historia.

¡Ya has creado tu propio y divertido juego MAD LIBS® EN ESPAÑOL!

RAZONES PARA CELEBRAR

SUSTANTIVO ____________________

ARTÍCULO DE VESTIR ____________________

VERBO ____________________

SUSTANTIVO (PLURAL) ____________________

VERBO ____________________

SUSTANTIVO ____________________

ADJETIVO ____________________

TIPO DE ALIMENTO ____________________

SUSTANTIVO ____________________

ADVERBIO (-MENTE) ____________________

VERBO ____________________

SUSTANTIVO ____________________

ADVERBIO (-MENTE) ____________________

SUSTANTIVO (PLURAL) ____________________

EXCLAMACIÓN ____________________

PALABRA TONTA ____________________

ADJETIVO ____________________

MAD LIBS ¡EN ESPAÑOL!

RAZONES PARA CELEBRAR

Aquí te van las 10 mejores razones para celebrar tu ______________ (SUSTANTIVO):

1. Por fin puedes estrenar tu/s elegante/s ______________ (ARTÍCULO DE VESTIR) de encaje.
2. Te puedes reunir y ______________ (VERBO) con tus ______________ (SUSTANTIVO (PLURAL)) y familiares.
3. Puedes ______________ (VERBO) aunque no tengas ______________ (SUSTANTIVO).
4. Es ______________ (ADJETIVO) soplar las velitas de tu/s ______________ (TIPO DE ALIMENTO) de cumpleaños.
5. Puedes pedir un/a ______________ (SUSTANTIVO) y tal vez se te cumpla ______________ (ADVERBIO (-MENTE)).
6. Es el único día en el que puedes ______________ (VERBO) libremente.
7. La gente te desea un/a ______________ (SUSTANTIVO) feliz mientras canta ______________ (ADVERBIO (-MENTE)).
8. Recibes ______________ (SUSTANTIVO (PLURAL)) especiales.
9. Cuando exclamas "¡ ______________ (¡EXCLAMACIÓN!), gracias!", todos te aplauden y gritan: "¡ ______________ (PALABRA TONTA) para ti!".
10. Es el evento más ______________ (ADJETIVO) del año.

MAD LIBS® EN ESPAÑOL es divertido para jugar con tus amistades, ¡pero también puedes jugarlo tú solo/a! Para empezar, NO mires la historia de la página siguiente. Completa los espacios en blanco de esta página con las palabras solicitadas. Luego, usa esas palabras para completar los espacios en blanco de la historia.

¡Ya has creado tu propio y divertido juego MAD LIBS® EN ESPAÑOL!

LLEGARON LOS MARIACHIS

PERSONA PRESENTE ____________________

SUSTANTIVO (PLURAL) ____________________

ADJETIVO (PLURAL) ____________________

NÚMERO ____________________

EXCLAMACIÓN ____________________

NOMBRE DE UNA CELEBRIDAD ____________________

ADJETIVO ____________________

VERBO ____________________

SUSTANTIVO ____________________

PALABRA TONTA (TRES VECES) ____________________

SUSTANTIVO ____________________

ADJETIVO ____________________

ADVERBIO (-MENTE) ____________________

SUSTANTIVO (PLURAL) ____________________

ADJETIVO ____________________

PARTE DEL CUERPO ____________________

SUSTANTIVO ____________________

ADJETIVO ____________________

MAD LIBS ¡EN ESPAÑOL!

LLEGARON LOS MARIACHIS

A la fiesta de cumpleaños de ____________ (PERSONA PRESENTE), llegaron de pronto los mariachis con sus enormes ____________ (SUSTANTIVO (PLURAL)) y sus instrumentos ____________ (ADJETIVO (PLURAL)) de cuerda. Era una banda de ____________ (NÚMERO) integrante/s, pero... ¡____________ (¡EXCLAMACIÓN!), qué sorpresa: el/la cantante principal era el/la famoso/a mariachi ____________ (NOMBRE DE UNA CELEBRIDAD)! Después de producir el silbido ____________ (ADJETIVO) y característico de los mariachis, empezaron a ____________ (VERBO) y cantar. Pero luego cantaron otras conocidas canciones como: ____________ (SUSTANTIVO) *lindo*, *Los pollitos dicen* ____________ (PALABRA TONTA (TRES VECES)) y *Feliz* ____________ (SUSTANTIVO). Pero el momento más ____________ (ADJETIVO) y emocionante de la tarde fue cuando zapatearon ____________ (ADVERBIO (-MENTE)) con sus ____________ (SUSTANTIVO (PLURAL)) de tacón. ¡Qué espectáculo tan colorido y ____________ (ADJETIVO)! A la gente le/s latía/n el/la/los/las ____________ (PARTE DEL CUERPO) de tanta emoción. Sin duda, los mariachis le añaden mucho/a ____________ (SUSTANTIVO) a cualquier gran evento ____________ (ADJETIVO) del mundo.

MAD LIBS® EN ESPAÑOL es divertido para jugar con tus amistades, ¡pero también puedes jugarlo tú solo/a! Para empezar, NO mires la historia de la página siguiente. Completa los espacios en blanco de esta página con las palabras solicitadas. Luego, usa esas palabras para completar los espacios en blanco de la historia.

¡Ya has creado tu propio y divertido juego MAD LIBS® EN ESPAÑOL!

PIDE UN DESEO

SUSTANTIVO ____________________

PERSONA PRESENTE ____________________

ADJETIVO ____________________

SUSTANTIVO (PLURAL) ____________________

ADVERBIO (-MENTE) ____________________

PARTE DEL CUERPO ____________________

ANIMAL ____________________

ADVERBIO (-MENTE) ____________________

COLOR ____________________

VERBO ____________________

COLOR ____________________

PALABRA TONTA ____________________

NÚMERO ____________________

COLOR ____________________

VERBO (-ANDO/-IENDO) ____________________

PARTE DEL CUERPO (PLURAL) ____________________

SUSTANTIVO ____________________

VERBO ____________________

MAD LIBS ¡EN ESPAÑOL!

PIDE UN DESEO

"Rápido, pide un/a ______ (SUSTANTIVO) y sopla las velitas", dijo ______ (PERSONA PRESENTE). ¡Pero pedir un deseo era más ______ (ADJETIVO) de lo que yo pensaba! ¡Por mi mente pasaban mil ______ (SUSTANTIVO (PLURAL)) a la vez! Por fin respiré ______ (ADVERBIO (-MENTE)), cerré bien el/la/los/las ______ (PARTE DEL CUERPO) y pensé: "Quiero un/a ______ (ANIMAL) de plumas coloridas". Pero me dije: "Oh no, es mejor que vuele ______ (ADVERBIO (-MENTE)) por el cielo ______ (COLOR)." Entonces pensé: "Deseo aprender a ______ (VERBO) por el ancho mar ______ (COLOR)". Pero luego me dije: "¡Qué ______ (PALABRA TONTA) soy!, ¡ya eso lo aprendí hace ______ (NÚMERO) año(s)!". Mi mente estaba completamente en ______ (COLOR), ¡no se me ocurría nada más! Las velitas ya se estaban ______ (VERBO (-ANDO/-IENDO)) sobre el pastel. Entonces miré los/las ______ (PARTE DEL CUERPO (PLURAL)) sonrientes de mis amistades y se me prendió el/la ______ (SUSTANTIVO): "¡Deseo que todos puedan ______ (VERBO) en paz!".

MAD LIBS® EN ESPAÑOL es divertido para jugar con tus amistades, ¡pero también puedes jugarlo tú solo/a! Para empezar, NO mires la historia de la página siguiente. Completa los espacios en blanco de esta página con las palabras solicitadas. Luego, usa esas palabras para completar los espacios en blanco de la historia.

¡Ya has creado tu propio y divertido juego MAD LIBS® EN ESPAÑOL!

LOS MEJORES Y LOS PEORES

ALGO VIVO ____________________

SUSTANTIVO ____________________

LETRA DEL ALFABETO ____________________

ADJETIVO ____________________

SUSTANTIVO (PLURAL) ____________________

SUSTANTIVO ____________________

TIPO DE ALIMENTO ____________________

SUSTANTIVO ____________________

ADJETIVO ____________________

SUSTANTIVO ____________________

ARTÍCULO DE VESTIR ____________________

ANIMAL ____________________

LUGAR ____________________

ADJETIVO ____________________

COLOR ____________________

SUSTANTIVO (MASCULINO, PLURAL) ____________________

ANIMAL ____________________

SUSTANTIVO ____________________

MAD LIBS ¡EN ESPAÑOL!
LOS MEJORES Y LOS PEORES

Los peores regalos de cumpleaños son los siguientes:

1. Un/a ____________ con espinas o que dé picazón
   ALGO VIVO
2. Un/a ____________ digital que solo funcione con baterías
   SUSTANTIVO
   triple ____________
   LETRA DEL ALFABETO
3. Un traje ____________ sin ____________ para
   ADJETIVO SUSTANTIVO (PLURAL)
   ponerme en mi fiesta
4. Un/a ____________ con olor a ____________ para
   SUSTANTIVO TIPO DE ALIMENTO
   bañarme
5. Un/a ____________ de cristal para decorar mi cuarto
   SUSTANTIVO

Los mejores regalos de cumpleaños son los siguientes:

1. El juguete ____________ de mi ____________ favorito/a
   ADJETIVO SUSTANTIVO
2. El/La ____________ de mi equipo: "Los/Las
   ARTÍCULO DE VESTIR
   ____________ de ____________"
   ANIMAL (PLURAL) LUGAR
3. Un libro bien ____________, como *Colmillo* ____________
   ADJETIVO COLOR
   o *El señor de los* ____________
   SUSTANTIVO (MASCULINO, PLURAL)
4. Un/a ____________ que maúlle por las noches
   ANIMAL
5. Un/a gran ____________ eléctrico/a
   SUSTANTIVO

MAD LIBS® EN ESPAÑOL es divertido para jugar con tus amistades, ¡pero también puedes jugarlo tú solo/a! Para empezar, NO mires la historia de la página siguiente. Completa los espacios en blanco de esta página con las palabras solicitadas. Luego, usa esas palabras para completar los espacios en blanco de la historia.

¡Ya has creado tu propio y divertido juego MAD LIBS® EN ESPAÑOL!

FIESTA POR TODO LO ALTO

NOMBRE DE UNA CELEBRIDAD ____________

NOMBRE ____________

ADJETIVO ____________

SUSTANTIVO (PLURAL) ____________

ADJETIVO (PLURAL) ____________

ANIMAL ____________

PALABRA TONTA ____________

ARTÍCULO DE VESTIR (PLURAL) ____________

ADJETIVO (PLURAL) ____________

OCUPACIÓN (PLURAL) ____________

ALGO VIVO ____________

TIPO DE LÍQUIDO ____________

NÚMERO ____________

TIPO DE ALIMENTO ____________

SUSTANTIVO ____________

SUSTANTIVO (PLURAL) ____________

TIPO DE LÍQUIDO ____________

PARTE DEL CUERPO ____________

MAD LIBS ¡EN ESPAÑOL!

FIESTA POR TODO LO ALTO

Ayer _______________ me invitó a su fiesta de cumpleaños
NOMBRE DE UNA CELEBRIDAD

después de los premios _______________. Fue el evento más
NOMBRE

_______________ y extravagante que puedas imaginar. Todo estaba
ADJETIVO

decorado con _______________ verdes y globos
SUSTANTIVO (PLURAL)

_______________. Había un/a _______________ tropical que decía
ADJETIVO (PLURAL) ANIMAL

"_______________" cada vez que alguien entraba. La gente
PALABRA TONTA

iba vestida con _______________ muy elegantes y
ARTÍCULO DE VESTIR (PLURAL)

_______________, diseñados/as por famosos _______________.
ADJETIVO (PLURAL) OCUPACIÓN (PLURAL)

En el jardín había un/una/unos _______________ brillante/s por todas
ALGO VIVO

partes y una piscina llena de _______________ donde nadaban
TIPO DE LÍQUIDO

peces exóticos. El pastel tenía _______________ piso(s) y estaba hecho de
NÚMERO

_______________ dulce/s. ¡Había hasta un/a _______________
TIPO DE ALIMENTO SUSTANTIVO

tocando en vivo mis canciones favoritas! Y claro, no podían faltar los/

las _______________ artificiales iluminando el cielo. Tuve que
SUSTANTIVO (PLURAL)

echarme _______________ en el/la/los/las _______________
TIPO DE LÍQUIDO PARTE DEL CUERPO

porque creí que estaba soñando.

MAD LIBS® EN ESPAÑOL es divertido para jugar con tus amistades, ¡pero también puedes jugarlo tú solo/a! Para empezar, NO mires la historia de la página siguiente. Completa los espacios en blanco de esta página con las palabras solicitadas. Luego, usa esas palabras para completar los espacios en blanco de la historia.

¡Ya has creado tu propio y divertido juego MAD LIBS® EN ESPAÑOL!

¡GRACIAS POR VENIR!

PERSONA PRESENTE ____________________

PARTE DEL CUERPO ____________________

VERBO ____________________

ADJETIVO (FEMENINO) ____________________

VERBO ____________________

SUSTANTIVO ____________________

VERBO ____________________

ADJETIVO ____________________

EXCLAMACIÓN ____________________

NÚMERO ____________________

ANIMAL ____________________

VERBO ____________________

OCUPACIÓN ____________________

PERSONA PRESENTE ____________________

SUSTANTIVO ____________________

ADJETIVO ____________________

ADVERBIO (-MENTE) ____________________

SUSTANTIVO ____________________

MAD LIBS® ¡EN ESPAÑOL!

¡GRACIAS POR VENIR!

________________ (PERSONA PRESENTE): Yo te agradezco con todo/a/s mi/s ________________ (PARTE DEL CUERPO) que hayas venido a mi fiesta. Sé que la lluvia no dejó ________________ (VERBO) a casi nadie y que fue una idea ________________ (ADJETIVO (FEMENINO)) celebrarlo al aire libre. Pero sabía que podía ________________ (VERBO) contigo. Fue divertido que te ganaras un/a ________________ (SUSTANTIVO) gigante en la rifa. Pero me sorprendió que pudieras ________________ (VERBO) tan ________________ (ADJETIVO). ¡________________ (¡EXCLAMACIÓN!), eso fue increíble! También me hiciste reír mucho cuando contaste lo que te pasó al/a los ________________ (NÚMERO) año/s y viste por primera vez a un/a ________________ (ANIMAL) marino/a en el acuario. Lamento que al final tuvimos que ________________ (VERBO) tan pronto y que el/la ________________ (OCUPACIÓN) del parque haya tenido que limpiar el desorden que dejó ________________ (PERSONA PRESENTE), pero me divertí mucho. Por cierto, me encantó tu regalo. ¿Cómo sabías que me encanta el/la ________________ (SUSTANTIVO)? Gracias de nuevo por hacerme sentir tan ________________ (ADJETIVO) en mi cumpleaños.

________________ (ADVERBIO (-MENTE)),

tu ________________ (SUSTANTIVO) de la infancia